Aprenda a desenvolver um...

PENSAMENTO LÓGICO

COMO TOMAR DECISÕES DE MANEIRA RÁPIDA E EFICAZ?

CLEBER R. MARTINS

2   Como tomar decisões de maneira rápida e eficaz?

Aprenda a desenvolver um...

PENSAMENTO LÓGICO

COMO TOMAR DECISÕES DE MANEIRA RÁPIDA E EFICAZ?

CLEBER R. MARTINS

Copyright 2020

Título: PENSAMENTO LÓGICO
Subtítulo: Como tomar decisões de maneira rápida e eficaz?
Autor: Cleber Rodrigues Martins
Capa: o mesmo
Projeto Gráfico e Diagramação: o mesmo

1º Edição - Santos – SP
Categoria: Lógica, Empreendedorismo, Empresarial, Mercado Financeiro, Pensamento Criativo, Psicologia, Acadêmico.
ISBN: 9798734236659
Tipo de suporte: Papel

Mídias Sociais do Autor:

Facebook: facebook.com/prcleberrmartins
Youtube: youtube.com/c/CleberMartins
Instagram: @cleber_martinspr
Twitter: @Cleber_Martinss
website: www.prclebermartins.com.br

Palavras-chave: pensamento, lógico, decisões, empreender, oportunidade, tempo, empresa, inovação, alvo, metas, solução.

Cleber Rodrigues Martins é... Formado em Administração de Empresas com Ênfase em Gestão Internacional, tem especialização em Psicanálise. Palestrante, professor, autor e consultor.

Também é Pastor, Bacharel em Teologia com especialização em Aconselhamento Pastoral. Servindo como Pastor Batista na Obra de Deus. Também atuando como Professor no Seminário Teológico Batista do Litoral.

Casado desde 2013 com Iara de Carvalho Martins, Pedagoga com especialização em Psicopedagogia e Psicomotricidade. Professora e especialista em trabalho com crianças. O casal com um filho (Davi), que veio abençoar a família.

AGRADECIMENTO

Antes de tudo e acima de tudo, gostaria de agradecer a Deus por tudo. A minha esposa Iara, por estar do meu lado e formar comigo e o Davi (nosso filho), essa família tão abençoada por Deus.

Gostaria de fazer um agradecimento especial a todos os professores que tive, desde a minha infância, passando pelo ensino fundamental e médio, partindo pelos docentes das graduações e especializações que fiz. Não vou nomear nenhum, pois seria uma injustiça com os outros. Todos vocês foram importantes na minha formação.

Hoje que sou professor, posso transmitir o que aprendi graças a dedicação de todos os mestres que tive.

SUMÁRIO

AGRADECIMENTO 7
SUMÁRIO 9
PREFÁCIO 11
Cap. 1 - COMO TOMAR DECISÕES DE MANEIRA RÁPIDA E EFICAZ? 13
   1.1 DECISÃO SOBRE PROBLEMAS 13
   1.2 DECISÕES SOBRE OPORTUNIDADE 15
Cap. 2 - O MEDO QUE AJUDA 21
Cap. 3 - VALORIZAR O TEMPO 25
Cap. 4 - PENSAMENTO LÓGICO 31
Cap. 5 - OS QUATRO PASSOS PARA A TOMADA DE DECISÃO 37
Cap. 6 - PASSO 1 → AFEIÇÃO 41
Cap. 7 - PASSO 2 → TEMPO 49
Cap. 8 - PASSO 3 → CONDIÇÃO 55
Cap. 9 - PASSO 4 → CONCLUSÃO 61
Cap. 10 - DICAS FINAIS 67
BIBLIOGRAFIA 73

PREFÁCIO

Em dias competitivos, no qual, temos vivido, encontrar caminhos para economizar tempo, esforços e recursos, devem ser objetivos para encaixarmos no nosso planejamento cotidiano. Quem encontra algo para facilitar o labor do dia a dia, acaba tendo vantagem em alcançar seus objetivos. Isso, em detrimento de outros que insistem em agir sempre da mesma forma, sem considerar que as variáveis estão mudando constantemente.

O método que desenvolvi chamado "pensamento lógico", vem para andar na contramão da maioria e facilitar as nossas tomadas de decisões. A cada minuto do nosso relógio, milhares de oportunidades passam por nossa frente e se tivermos um método eficaz de pescar algumas delas, poderemos galgar coisas grandes em nossas vidas.

Aplicar o pensamento lógico, consiste em ativar quatro passos analisadores que irão nos mostrar a melhor forma de decidir. Os passos são: afeição, tempo, condição e conclusão. Quando aplicados da forma correta, como iremos demonstrar, teremos um facilitador de decisões, simples, rápido e direto. Isso ajudará muito, pois, por várias vezes, precisamos tomar decisões rápidas mediante a uma oportunidade ou até mesmo, resolver um problema que aparece. Utilizando os quatro passos, teremos a resposta se devemos ou não investir em uma oportunidade, por exemplo, ou até mostrar os caminhos para problemas que aparecem em nossas vidas e não sabemos nem por onde começar. Até em decisões no âmbito pessoal, esse processo pode ser aplicado, onde o caminho será clareado através desse método.

Um profissional de negócios ou mesmo uma pessoa comum que precise tomar uma decisão, se surpreenderá com a aplicação do pensamento lógico na sua causa.

Vamos juntos encontrar o caminho...

Capítulo 1

COMO TOMAR DECISÕES DE MANEIRA RÁPIDA E EFICAZ?

Esta, é uma pergunta que não é fácil de responder, pois, dependem de muitas variáveis e podem sofrer modificações de acordo com a forma e o meio que os problemas, e/ou oportunidades aparecem.

Uma forma de ajudar na tomada de decisões, é avaliarmos se essa decisão que devemos tomar, é mediante a um "problema" ou a uma "oportunidade". Essa separação, fará muita diferença na maneira que tomaremos a decisão.

1.1 DECISÃO SOBRE PROBLEMAS

Quando temos um problema no meio corporativo, precisamos resolver o mais rápido possível. Chamamos isso de "apagar incêndio". É necessário que algo seja feito antes que o fogo destrua por completo o local onde está queimando, e ainda não se alastre, causando mais destruição, pois enquanto houver fogo, significa, mais coisas queimadas, "mais problemas". O responsável por resolver o problema, precisará ser rápido, porém, ao mesmo tempo, não pode se precipitar e errar, pois isso, poderá causar sérios danos. Muitas vezes, a melhor decisão será a "menos ruim". Um bom exemplo, é quando o diretor de uma empresa, com um quadro de cinco mil funcionários, diante da pandemia e retração na economia, recebeu uma ordem da Matriz no exterior que precisaria reduzir o quadro de funcionários para três mil, ou seja, demitir duas mil pessoas de uma vez só. O problema "ter que demitir" já passou, pois uma decisão superior já foi tomada, mas agora, tem um subproblema que é: quem demitir?

Qual seria a decisão "menos ruim", já que, duas mil pessoas estarão desempregadas. Talvez separar por faixa etária e ver qual classe é mais produtiva na empresa. Outra solução, é separar por setor ou departamentos e ver se alguma área, pode ser extinta da empresa ou agregada com outro departamento. Mais uma solução que já presenciei em empresas, é a preservação no emprego dos homens e mulheres que tinham filhos e demitir os que não tem. O resultado é catastrófico de qualquer forma, mas a decisão precisa ser tomada por alguém e poderá ter resultados mais brandos ou até, tornar a situação pior.

Com toda a certeza, a parte mais prazerosa e benéfica, é quando conseguimos resolver o problema e ainda apresentar produtividade em cima dele, mediante a decisão que tomarmos. Já vi uma empresa, que tinha um diretor de investimentos muito capacitado. A empresa que ele trabalhava, havia acabado de fazer um investimento em dólar no exterior. Ele percebeu uma certa instabilidade no mercado e resolveu trazer esse capital em dólar de volta, vendendo as ações. Por consequência, chegou a perder cinco por cento do capital investido. O Presidente da empresa, ficou furioso com ele e estava prestes a demiti-lo. Na semana seguinte, começou a queda das bolsas nos EUA, com o caos imobiliário de 2008. Caso o capital da empresa ainda estivesse investido no exterior, em dólar, todo o investimento teria sido perdido. Ainda havia um agravante. Esse investimento, era parte do capital reserva da empresa. Isso significa, que a empresa iria quebrar, se aquele diretor de investimentos, não tivesse perdido míseros cinco por cento, onde todo o capital, iria se esvair diante do mercado internacional.

Na maioria das vezes, as consequências das decisões tomadas sobre problemas, levam uma carga de responsabilidade maior e no caso de fracasso, as perdas são mais no âmbito coletivo e geralmente, são consequências catastróficas.

1.2 DECISÕES SOBRE OPORTUNIDADE

Quando se tem um capital, para iniciar um investimento, em um novo cenário empreendedor, a decisão inicial a ser tomada, irá fazer toda a diferença no sucesso ou no fracasso do empreendimento. Novas oportunidades, são criadas e surgem o tempo todo. Aquele que está mais atento, é mais ousado e tem mais capacidade para investir, será aquele que terá vantagens no seu investimento, estando a frente, diante de uma oportunidade que surge.

Com certeza, existem vários graus de risco quando se pensa em fazer um investimento, diante de uma oportunidade. O importante, é analisarmos bem todos os fatores que compõem esse projeto e ter muita coragem para empreender. Antes de tomarmos a decisão, precisamos dos seguintes fatores em pleno domínio de nossas mãos:

a) **Mercado/ramo**: conhecer bem o mercado ou ramo de atividade, onde estará entrando. Algumas perguntas úteis:
- Qual é o mercado que irei atuar?
- Qual é o tamanho desse mercado?
- Quais são meus principais concorrentes?
- Qual é o meu tamanho no mercado?
- Qual fatia eu vou atacar? Conquistar novos clientes? Seduzir clientes que já consomem dos concorrentes?

De maneira nenhuma, a decisão pode ser tomada, sem que o perímetro a ser conquistado, seja plenamente conhecido ou pelo menos, muito bem explorado, pois os recursos de investimento, geralmente, são escassos e se o investimento for um "tiro no escuro", o fracasso estará batendo a porta. Procure conhecer bem o tamanho do mercado, seus concorrentes e suas potencialidades.

b) **Público**: conhecer bem os seus clientes, é parte fundamental para que a oportunidade seja bem-sucedida. Algumas perguntas, precisam estar respondidas e na ponta da língua:
- Qual é o público alvo almejado?
- Qual faixa etária?
- Qual classe social?
- Qual sexo?

Sem ter esse questionário bem claro, respondido e sem nenhuma dúvida, fica difícil, num mercado tão competitivo, ser bem-sucedido, diante de uma decisão. Tive um professor que dizia:
"O cliente é nosso social. Ele precisa estar tão satisfeito quanto os donos."

O cliente, precisa ser atendido com o produto ou serviço, em todas as soluções propostas. Quando olhamos o cliente como um sócio, valorizamos mais a qualidade do que estamos entregando. Uma coisa importante que não podemos esquecer, é que podemos gastar muito dinheiro com propagandas, anúncios e etc., porém, o melhor marketing que podemos fazer é satisfazer tanto o nosso cliente no que ofereceremos, que ele indicará e trará novos clientes. Esse é o meio mais rápido, barato e eficaz de conquistar novos clientes.

c) **Capital investido**: saber o quanto vai ser disponibilizado para depositar nessa oportunidade, não é o suficiente. É necessário um planejamento de investimento de capital. O ideal, seria ter três planos de conta antes de tomar a decisão.

- <u>Capital inicial (curto prazo)</u>: qual será o valor total para implantar essa ideia, tirar do papel e começar a fazer se tornar realidade? Isso é muito importante, pois precisa-se calcular as variáveis de custos e não só o valor inicial. O tamanho do negócio, quantos funcionários, custo de patrimônio e outras possibilidades, precisam ser consideradas. Um cálculo importante que deve ser feito, é a previsão de retorno desse primeiro capital investido. Quando se faz esse tipo de planejamento inicial, bem feito, de repente, pode-se descobrir que não vale nem apena começar, pois o retorno financeiro demoraria mais do que se conseguiria suportar, sem ter lucro. É preciso levar em consideração que no Brasil, em média, uma empresa demora de dois a três anos para começar a ter lucro, sobre o capital inicial investido.

- Capital de crescimento (médio prazo): após esse período difícil que é o início, é bom já ter um projeto sendo implementado para um crescimento a médio prazo. As decisões, precisam continuar a serem tomadas e elas, precisam ser visando o crescimento da empresa. Nesse momento, é bom analisar a possibilidade do lançamento de novos produtos ou serviços ou de repente, entrar em um novo ramo do mercado, alcançando uma fatia maior. Todas essas possibilidades precisam ser muito bem avaliadas para que a oportunidade inicial que foi bem aproveitada, não seja perdida por projetos de médio prazo pouco proveitosos. Aproveite o tempo inicial que a empresa terá para se estabilizar no mercado, e deixe uma equipe responsável em elaborar projetos de crescimento.

- Capital de Longevidade (longo prazo): se a ideia é manter o produto ou serviço no mercado, criando uma marca forte e duradoura, os projetos com mais de seis anos, precisam ser trabalhados também. É muito importante o estudo de mercado com suas variáveis nos últimos anos, para poder fazer uma projeção mais longa. Os projetos financeiros de longo prazo, não podem ser amarrados, ou seja, engessados, sem possibilidade de modificações nem variações. Também não podem ser projetos sem estrutura, pois os indicadores podem mudar, mas a base mestra, precisa ser a mesma para manter a identidade do produto ou serviço. Depois de uma sobrevida a médio prazo, saudável e lucrativa, é muito bom pensar em investimentos que não precisem de saques constantes como CDB (Certificado de Depósito Bancário), imóveis e etc.. É sempre bom, além de ter o pensamento a longo prazo com projetos e implementações, cuidar do capital financeiro da mesma forma, pois, pode acontecer uma crise mundial ou algo parecido e aqueles que fizeram reservas seguras, sobreviverão as tempestades do mercado financeiro com mais facilidade.

Quando temos o domínio do mercado, o pleno conhecimento do nosso público e as melhores práticas para movimentar o capital, a chance da oportunidade que está surgindo ter sucesso é maior e as decisões, podem ser tomadas em bases mais sólidas. As armadilhas naturais no ramo empresarial são muitas, é preciso ter muito conhecimento do que se está fazendo, além de uma pitada se sorte, principalmente, quando é uma variável que não depende de nós. Porém, com certeza, aquele que consegue ter um olhar treinado para enxergar as oportunidades, serão os que se sairão melhor nas rodas de decisões.

Capítulo 2

O MEDO QUE AJUDA

Por incrível que pareça, uma ferramenta que se bem administrada, pode ajudar na tomada de decisão é o "medo".

Nós sentimos medo de tudo o que é desconhecido, incompreendido ou vai nos fazer algum tipo de mau. Geralmente, o excesso de medo que podemos chamar de pavor, nos paralisa e nos impede de prosseguir naquilo que estamos empenhados a fazer. O pavor, também, pode causar desprezo e afastamento, pois ninguém quer ficar tendo contato com algo que lhe faz mal e causa sentimentos ruins.

Porém, se utilizarmos um catalizador no medo, filtrando e transformando ele em algo que nos faz ficar atento ao desconhecido, sem que nos paralise, isso pode ser um grande aliado diante de uma oportunidade, num campo desconhecido. O medo que paralisa iria prejudicar, mas o medo que somente nos dá uma dose de atenção e nos faz ficar mais atento e concentrado, diante do inesperado, pode nos ajudar a refletir com mais tranquilidade, não deixando a afobação e a ansiedade irem a frente e nos prejudicarem.

Precisamos aprender a tolher o medo, trabalhando as dificuldades dentro de nós, de modo que usemos isso a nosso favor. Sempre que vou fazer uma palestra e dar uma aula, permito que esse medo tolhido, que podemos chamar também de "friozinho na barriga", venha junto comigo, pois isso, não me deixa achar que conheço demais o conteúdo que vou expor, me fazendo mais atento e criterioso, diante desse sentimento. Isso me ajuda muito, pois, se eu entrar relaxado, achando que já sei muito do conteúdo a apresentar, e que tudo ali está dominado pelo meu conhecimento, a chance de errar é grande, pois a soberba traz desatenção e despretensão, além de trazer a ruína, como diz o sábio Rei Salomão, no livro de Provérbios na Bíblia:

"A soberba precede a ruína, e a altivez do espírito precede a queda." **Provérbios 16:18 – Bíblia Sagrada (JFA-RA)**

Tive um grande professor na faculdade, onde ele dizia que esse friozinho da barriga era sua "companheira necessária", pois o fazia se colocar no lugar que ele devia estar, e não onde a altivez dele queria chegar. Eu achava essas explicações fantásticas e influenciaram muito no modo de colocar em prática qualquer atividade da minha vida.

Imagine um cenário, onde precisamos tomar uma decisão nas próximas horas e essa decisão, está dentro de um campo onde conhecemos bem cada detalhe. Esse conhecer prévio, pode ser visto, a princípio, como algo bom, e é mesmo. Nada melhor do que dominar uma área para poder decidir sobre fatores que virão dela. Porém, isso pode nos deixar numa zona de conforto perigosa, e por achar que já sabemos muito, podemos ficar desatentos a possíveis variáveis que podem aparecer de forma inóspita. Nessa hora, um pouco de medo, pode nos trazer precaução e atenção. Isso ajuda muito na tomada de decisão. Não se deixe pressionar pelo medo, não paralise, mas use ele em seu favor, extraindo a atenção e a sobriedade que ele pode proporcionar.

Uma coisa que tenho aprendido é que a segurança e a despreocupação ou o relaxamento, estão caminhando sempre próximas em uma linha tênue. O medo pode ajudar a equilibrar essa situação e será de grande valia no surgimento da oportunidade, refletindo positivamente em suas decisões.

Capítulo 3

VALORIZAR O TEMPO

Muitas vezes, somos condicionados a valorizar somente aquilo que nós podemos tocar ou sentir, aquilo que os nossos olhos podem contemplar e nossas mãos podem apalpar. O dinheiro e os bens materiais, sem sombra de dúvidas, são colocados entre os primeiros objetivos de qualquer pessoa que faça um planejamento, com base nas suas expectativas de conquistas e sonhos a realizar. Todos querem um crescimento profissional, conquistar bens matérias como casa própria, ter saúde e cuidar do corpo, ser bem-sucedido em relacionamentos, quer no âmbito conjugal ou nas amizades. Muitos até, correm atrás de poder, fama, destaque e muitas coisas que esse mundo pode oferecer. Sem entrar nas questões religiosas, na fé de cada um e nas crenças que são particulares e fazem muita diferença na vida cotidiana. Tudo isso, pode ser elencado e colocado em patamares bem diferentes, variando de pessoa para pessoa.

Porém, existe uma coisa que poucas pessoas consideram importante, e é algo que todos sofrem, sem distinção e ninguém ainda aprendeu a arte de evitá-lo, retardá-lo ou até mesmo, recuperá-lo. Quando eu tinha por volta de dezenove anos, e o espírito empreendedor estava ainda brotando no meu coração, assisti uma palestra, onde o palestrante me disse uma coisa que eu jamais esqueci:

As pessoas, vivem correndo atrás, igual loucas de muitas coisas, porém, existe só uma que quando perdida, jamais pode se recuperar:

- Será que é o dinheiro? "NÃO": por mais que você ganhe, sempre irá querer mais, nuca estará satisfeito. Ainda que perca todo o dinheiro em alguma empreitada malsucedida, poderemos recomeçar e com muito trabalho, pelo mesmo caminho ou por outros, o dinheiro pode ser recuperado.

- Será que é o poder? "NÃO": a vida é um jogo de poderes, todos passam por uma busca incessante de percas e ganhos. Podemos perder por um lado, ganhar por outro. Podemos perder um cargo que nos dava muito poder, podemos reconquistar esse cargo em outro lugar ou até mesmo, empreender e conquistar isso por nós mesmos.

- Será que é o amor? "NÃO": os sentimentos e fetos, vão e vem de maneira aleatória e constante. Podemos perder um grande amor conjugal, mas logo conquistar outro. Podemos perder uma amizade e outras nos aparecerão, pois ninguém é insubstituível. Podemos sentimentalmente ficar abalados com uma perda, mas a vida sempre dá voltas e é possível recomeçar e curar as feridas.

O que será então que quando perdemos, não conseguimos recuperar?

- <u>**O TEMPO**</u> – "SIM": ele passa e não volta. Por mais que tente recuperar, nunca será da mesma forma. É interessante, quando estamos em um velório, todos ali estão de luto, mas o sofrimento, é maior entre os familiares. Porém, sempre tem algum que sofre mais e tem uma reação mais forte como chorar alto, gritar e até desmaiar em alguns casos. Boa parte das vezes, isso acontece, com aqueles que ficaram com alguma falta em vida com o morto, mas agora na morte, não tem mais tempo de recuperar e a dor é maior. Aquele que fez a sua parte, enquanto em vida, no momento da morte, sofre pela perda, mas tem o sentimento de dever cumprido, por ter aproveitado bem o tempo em vida com o falecido. No empreendedorismo, toda a oportunidade, tem o seu tempo ápice, o "time" de tomada de decisão. Quando esse "time" passa, você pode até ter uma nova ideia ou fazer de outro jeito, mas aquela oportunidade, já passou e não voltará mais.

Quando falamos em pensamento lógico, o tempo é fundamental. Não para ter um sentido de pressa, onde se toma as decisões de forma néscia, sem nenhum sentido de planejamento, mas aquele que está visualizando uma oportunidade, precisa ter o sentido de urgência, pois sempre vai existir alguém preparado que vai suplantar, ir a frente. As percas acontecerão, se as decisões não forem tomadas de forma correta, no momento da oportunidade, aproveitando o valioso "time".

Um exemplo antigo, mas que serve para ilustrar sobre a perca do "Time" nas oportunidades é o da Kodak. Até os anos noventa, a Kodak era líder em tecnologia de e vendas nas máquinas fotográficas que usavam filmes. Um dos seus engenheiros de criação, veio com uma proposta para a empresa começar a desenvolver, alguma forma digital de armazenar as fotos, pois com a chegada dos computadores, logo eles iriam precisar de uma inovação. A proposta desse engenheiro, foi ridicularizada e menosprezada, pois segundo um dos diretores, a Kodak sempre estaria na ponta no seguimento de máquinas fotográficas. Aconteceu que após somente alguns anos, esse mesmo diretor que menosprezou a ideia do engenheiro, foi demitido pela empresa por incapacidade administrativa, mas já era tarde demais, pois as concorrentes, estavam lançando suas novas máquinas fotográficas, totalmente digitais, enquanto a Kodak, ainda iria implantar essa tecnologia. Até hoje, a Kodak não conseguiu se reerguer desse tombo. Tudo isso pela perca do "Time" de uma ideia que tinha por trás, uma excelente oportunidade, mas que foi perdida. Hoje, a Kodak tem uma boa tecnologia, mas o time já passou e outras empresas, tomaram o seu lugar no mercado.

O segredo, é fazer o tempo trabalhar para você e não o contrário. A ideia pode ser muito boa, mas ela não pode ser desperdiçada, pois o tempo age sem piedade. Há cento e cinquenta anos atrás, um homem que tivesse uma profissão de sapateiro, seria sapateiro por toda a sua vida. Ensinaria seu filho, que também seria sapateiro por toda a vida. A pouco tempo atrás, as coisas demoravam muito para mudar e as oportunidades eram previsíveis no dia a dia das pessoas. Porém, nos nossos dias, as coisas se modificam em um ritmo muito acelerado. Existe um estudo feito, onde em qualquer área de atuação profissional, mesmo que estejamos trabalhando com isso todos os dias, se passarmos mais de dois anos sem fazer um curso de capacitação e atualização, ou uma especialização na área, já somos considerados obsoletos e ultrapassados. A tendência, é essa realidade estar cada vez mais próxima e chegar mais rápido.

Sendo assim, o tempo precisa ser levado a sério e as oportunidades, precisam serem aproveitadas, pois o mercado está

muito dinâmico e as exigência são variadas. Estamos na era do acesso a informação. O mundo nunca viu uma democracia tão grande de acesso ao conhecimento. Com a vinda da internet, não se pode reter algo para si por muito tempo e aquilo que é uma "super novidade" hoje, amanhã, pode ser algo já fora de foco e ultrapassado. Eu gosto sempre de dizer, que a novidade é só um detalhe passageiro, onde muito poucos, irão usufruir das suas benécias.

Encontrei um texto fantástico sobre o valor do tempo, mas, infelizmente, não tem autoria:

- Para entender o valor de um ano:
Pergunte a um estudante que não passou nos exames finais;
- Para entender o valor de um mês:
Pergunte a mãe que teve um filho prematuro;
- Para entender o valor de uma semana:
Pergunte ao editor de uma revista semanal;
- Para entender o valor de uma hora:
Pergunte aos apaixonados que estão esperando o momento do encontro;
- Para entender o valor do minuto:
Pergunte a uma pessoa que perdeu o avião, o trem, ou o ônibus;
- Para entender o valor de um segundo:
Pergunte a uma pessoa que sobreviveu a um acidente;
- Para entender o valor de um milissegundo:

Pergunte a uma pessoa que ganhou a medalha de prata nas olimpíadas;

O tempo não espera por ninguém. Ele passa e não volta mais. É um caminho sem volta, uma passagem só de ida, uma transição sem retorno, é uma estrada de uma mão só.

Capítulo 4

PENSAMENTO LÓGICO

Até aqui, nós vimos o cenário que cerca as oportunidades, num mundo de decisões, que precisamos tomar todos os dias. Conhecer as teorias, estudar o mercado, saber as formas de investir o capital, já não é mais um segredo dominado por poucos. Agora, qual seria o grande aprendizado? Qual é a vantagem que alguém poderia ter, diante de tantas variáveis, como vimos resumidamente até agora?

Implantando o que chamo de "pensamento lógico", que é a forma de selecionar no campo das "ideias" e do "conhecimento", o meio mais rápido, ao mesmo "tempo" mais "seguro" e consciente possível, a tomada de decisões, diante de uma oportunidade iminente. Aquele que conseguir tomar decisões visualizando, computando e idealizando o mais rápido possível uma oportunidade, será o que terá mais sucesso e alcançará os objetivos de forma próspera.

Não estou aqui dizendo que só existe um caminho e que sou detentor da verdade. Muito pelo contrário. Gostaria de oferecer a base desse formato que chamo de "pensamento lógico", para que através disso, cada um pudesse abrir o leque de suas oportunidades, se tornando um hábil tomador de decisões de maneira assertiva.

Primeiro, precisamos entender o que significa um "pensamento lógico" e como isso pode nos ajudar. Começando com a teoria das palavras por si só:

a) **Pensamento:** Pensar, "formar uma ideia", vem do Latim *"pensare"*, do mesmo significado, mas originalmente querendo dizer "pendurar para avaliar o peso de um objeto", de PENDERE, "pendurar, pesar". No campo da mente, passou a usar a conotação de "pensar" os diversos argumentos ou fatos para chegar a uma conclusão. O pensamento é subliminar e gira no campo das ideias. Ele só se torna sólido ou real, quando transformado em ação mediante a uma atitude.

b) **Lógico:** vem de lógica, "formar uma razão, racional", origem grega *"logikós"*, tendo associação com o vocábulo logos, do qual faz referência ao conhecimento e a ciência, adotando neste contexto um alinhamento de raciocínio. Algo que precisa de uma clareza coerente, sem mistérios ou dúvidas. Algo que tem começo, meio e fim.

Só pelas definições das palavras, já podemos extrair muita coisa. Todos nós, seres humanos, somos dotados de algo imaterial, intangível e subconsciente chamado pensamento. O pensamento, produz imaginações que vão de ideias que podem descobrir e revolucionar o mundo, até coisas fúteis sem importância alguma. Podemos usar nossos pensamentos para maquinar coisas boas para alguém, como planejar um aniversário surpresa para um amigo, mas também, com a mesma facilidade, podemos matar alguém, começando com os pensamentos, partindo para a ação.

Sócrates foi a fundo nesse mistério do pensar:

"A essência do homem é pensar".

"Sou uma coisa que pensa, isto é, que duvida, que afirma, que ignora muitas, que ama, que odeia, que quer e não quer, que também imagina e que sente".

"Penso, logo existo."

Se "pensar" pode trazer o homem a existência e provar que somos seres que usufruem de um "dom", no sentido de privilegiados, perto do restante dos outros animais que são irracionais, porque, então, não utilizar esses pensamentos em favor de destrinchar oportunidades e tomar decisões de forma mais eficaz. Quando fazemos uma reflexão consciente naquilo que nos empenhamos, podemos criar uma infinita variedade de opções e caminhos a serem seguidos. Qual é o limite para o pensamento? Com certeza, essa resposta é algo que o ser humano ainda não pode alcançar. Uma pluralidade de pensamentos, pode gerar, uma vasta variedade de ideias que podem ser canalizadas, comprimidas e subtraídas para um foco pré-determinado como resolver um problema ou tomar uma decisão.

A lógica, examina de forma criteriosa as formas que o pensamento pode tomar, quais dessas formas são válidas e quais são falaciosas. Por isso, no estudo da filosofia, a lógica aplica-se na maioria dos seus principais ramos: metafísica, ontologia, epistemologia e ética. Os sentidos se baseiam no foco comum referente a harmonia de raciocínio, a proporcionalidade formal entre pensamentos, assim sendo, a correta e equilibrada relação entre todos os termos, a total concordância entre cada um deles dentro de um desenvolvimento do raciocínio. Existe um campo da lógica chamado de silogismo, que consiste a partir desses princípios de um raciocínio lógico dedutivo, ou seja, a partir de duas certezas prévias (premissas) chega-se a uma conclusão nova, que não está diretamente referida nas premissas.

O pensamento é o motor que produz sem parar e a lógica, é o refinamento que seleciona, molda e dá o polimento final. O pensamento gera e a lógica molda. Um pensamento sem a lógica, só gera uma matéria prima sem funcionamento nem aplicação. Por outro lado, a lógica sem o pensamento, nem se inicia, pois, o fiat gerador não existiu.

Podemos então, a partir daqui, desenvolver um processo que será criado com o pensamento gerado pela ideia da oportunidade, que será refinado e aprimorado pela lógica da decisão final que precisa ser o mais próximo possível da exatidão. Todo esse processo da oportunidade, desde a ideia, até o catalizador formador final que é a decisão assertiva, precisaria de um tempo para análise e geração de conhecimento, que na verdade, o mundo de hoje, não nos dá.

Só não podemos confundir "pensamento positivo" com "pensamento lógico". Pensar positivo é o ato de manter a sua mente voltada para coisas boas, independente das circunstâncias. É algo voltado ao pragmatismo e serve somente como um exercício de acreditar em si mesmo, dentro de um campo imaginário e fictício. O pensamento positivo é bom até um determinado ato, pois, senão, acaba de tornando irreal e vira uma frustração. O mundo real, não vive só de coisas boas e é extremamente necessário, considerar sempre isso. Não tanto ao pondo de se tornar um pessimista, diante do caos e tragédias que vivemos, mas entender que as coisas ruins acontecem, sempre vão acontecer, e até mesmo, muitas delas, servem para nos ensinar e crescer na vida. O pensamento lógico, vai trabalhar com a realidade clara, testada e vivida em cada um dos seus estágios, quer sejam bons ou ruins. No âmbito da tomada de decisões, o pensamento positivo, irá ajudar mais depois que as decisões já estiverem tomadas e o processo já estar em andamento. Enquanto as decisões exigirem a operacionalidade de suas mãos e intelecto, o melhor sentimento e aplicação é o pensamento lógico, pois ele irá a fundo no problema real e dissertará tudo o que está acontecendo. Como diz a letra de uma música "cada um no seu quadrado", cada coisa na sua vez e nunca confundir o pensamento positivo com o pensamento lógico.

Iremos então ver juntos, como chegar a percorrer esse caminho desbravador do pensamento lógico, usando o mínimo de tempo possível, ensinando a aplicar os quatro passos.

Capítulo 5

OS QUATRO PASSOS PARA A TOMADA DE DECISÃO

Podemos então perguntar:

Qual seria o melhor caminho a percorrer para tomar uma decisão?

Quando olhamos os grandes players (empresários bem-sucedidos), naturalmente, podemos tirar várias conclusões sobre como eles chegaram até lá. Alguns podem dizer que foi pura sorte, outros dizem que eles nasceram com um dom especial, ou ainda, tiveram uma ajudinha de alguém.

Como já disse anteriormente, acredito que um pouco de sorte, é muito bom na tomada de decisão, porém, não acredito que somente a sorte, poderia determinar o sucesso de uma pessoa, a não ser, se ela ganhar na "Mega Sena". No caso de acreditar que a pessoa nasceu com o dom de tomar decisões assertivas, eu tendo a discordar, pois a pessoa pode sim ter aptidão na área dos negócios e ser muito atenta as oportunidades, porém, se não estudar, dar duro todos os dias, errar um pouco para poder aprender, sinceramente, não acredito que alguém já possa nascer com todas essas prerrogativas que são necessários para ser bem-sucedido. Quanto a ter uma ajudinha de alguém, mesmo aqueles que recebem uma herança bem robusta, ou seja, que não se esforçaram muito para ter o que estão empossando, mesmo esses, se não tomarem cuidado, não se capacitarem ou se cercarem de gente que sabe empreender, do mesmo jeito que essa herança veio, ela pode ir. Temos visto no decorrer da história, grandes impérios empresariais serem esvaídos por falta de perícia na administração, e até mesmo, por serem engolidos por outras grandes empresas que vão surgindo. Uma outra forma de ter essa ajudinha, é encontrar alguém que banque a sua ideia. A dificuldade é que se essa pessoa que for bancar suas ideias, não for alguém próximo de você, que faria só para te ajudar, que por sinal, é muito difícil, esse padrinho ou mais comumente chamado "investidor", irá querer uma garantia e isso pode custar muito caro. Dificilmente alguém vai ajudar sem querer uma contrapartida.

Não existe mágica para os negócios. O que existe, são pessoas preparadas, experimentadas, comprometidas, arrojadas e determinadas. O que essas pessoas têm de diferentes das outras, é que elas não desistem facilmente e descobriram uma forma própria de tomar decisões diante das oportunidades. Essa forma utilizada, se encaixou perfeitamente com seu estilo e personalidade.

Diante de uma oportunidade, iremos desenvolver quatro meios que precisarão trabalhar juntos, para que sua oportunidade, se transforme em uma realidade de bons frutos. Veremos nessa ordem:

- *Afeição;*

- *Tempo;*

- *Condição;*

- *Conclusão;*

Todos esses elementos, cada um deles, na medida que formos analisando, formaremos nossa opinião diante da decisão que está para ser tomada. Com isso, saberemos se devemos continuar e implantar a ideia, oportunidade ou resolver um problema, tudo isso usando esses elementos.

É preciso utilizar fontes confiáveis no colhimento das informações necessárias para preencher os passos a seguir, sendo o mais realista e verdadeiro possível com as conclusões. O pensamento lógico, compõe justamente esse tipo de implantação e se casa perfeitamente com os elementos que iremos implantar através disso.

Vejamos os quatro passos para desenvolver um pensamento lógico:

Capítulo 6

PASSO 1 → AFEIÇÃO

Podemos definir "afeição" como:

- Sentimento carinhoso em relação a algo ou alguém;
- Apego demonstrado por;
- Estima;
- Capacidade natural para;
- Inclinação ou tendência para;

Essa palavra "afeição", no sentido comercial e empreendedor que eu pretendo usar, não é muito utilizada.

Porém, ela se encaixa perfeitamente no modelo inicial da estrutura que precisamos montar, antes de tomar uma decisão. A maioria das decisões que tomamos na vida, giram em torno da afeição. Nós compramos coisas que gostamos (afeição), comemos coisas que gostamos (afeição), nossas companhias opinativas, ou seja, as pessoas que escolhemos para fazer parte de nossas vidas como família, amigos e relacionamentos são selecionadas por (afeição), o ambiente que frequentamos é escolhido por (afeição), a nossa profissão, na maioria das vezes, é escolhida por (afeição), a graduação que escolhemos é por (afeição).

Olha quantas coisas fazemos por afeição e nem percebemos. Na verdade, ter afeição por algo ou alguém, nos fazer sentir prazer e satisfação nas ações e no convívio. Já tentaram imaginar, se fizéssemos todas essas coisas, listadas acima, sem querer fazer ou até mesmo, fazer só por fazer.

Agora podemos perguntar:

É possível fazer algo sem afeição?

É possível encontrar motivação em algo que não gosta?

Com certeza, nem tudo o que fazemos na vida nós gostamos. Algumas coisas, fazemos por necessidade ou por força da circunstância. Ninguém gosta de ficar doente, pois não tem como ter afeição em sofrer por decorrência de algum vírus ou qualquer tipo de enfermidade. Conheço muito poucas pessoas que gostam, por exemplo, de ficar na fila do banco, mas, às vezes, precisamos enfrentá-las para resolver alguma coisa. Da mesma forma, o metrô ou qualquer tipo de transporte lotado, congestionamentos no transito, visitar a sogra (brincadeira). São coisas que fazemos por força da necessidade e nessa hora, deixamos um pouco a nossa afeição prazerosa de lado, em detrimento de enfrentar essas coisas que todos estamos sujeitos.

Uma das coisas que mais geram conflitos nas questões de afeição é a escolha da vida profissional. Na grande mídia, nos chamados das propagandas das universidades e cursos técnicos, se vende uma realidade que nem todos tem acesso, principalmente aqui no Brasil. Muito se fala, escolha a profissão que lhe agrada, estude e se capacite, dentro da área que você mais gosta, ou seja, dentro daquilo que lhe afeiçoa. Esse discurso é lindo, emociona, mas não serve muito para a nossa realidade.

A maioria de vocês que está lendo esse livro, com certeza, começou a trabalhar com algo que não gostava tanto ou já teve que trabalhar um dia com algo que não é da sua área. Tenho minha formação em Administração de Empresas com ênfase em Gestão Internacional e algumas especializações, dou aula, faço palestras, escrevo livros, e tenho minha maior afeição pela área acadêmica, porém, tenho registros na minha carteira de trabalho como ajudante geral (na construção civil), empacotador de supermercados, secretário e algumas outras funções, que fazendo um adendo, não há demérito nenhum para aqueles que a praticam e são profissões e funções muito dignas. Na verdade, foi nesses trabalhos, onde eu mais aprendi coisas sobre a vida, sobre valorizar o que ganho e principalmente, respeitar o meu próximo. Porém, não posso negar e nem seria digno dizer, que eu morri de afeições quando estava abrindo valas na construção civil, quando estava andando no sol do meio-dia para levar as compras das madames que nem davam uma gorjeta. Tenho certeza que tem pessoas que gostam e são extremamente felizes trabalhando nessas áreas, mas eu não. Foram situações, onde tive que passar para crescer na vida, já que, vim de uma família pobre e tive que começar do zero. A necessidade, me levou a desbravar e vencer a falta de afeição.

Agora, ninguém terá uma vida saudável, se passar a vida inteira, fazendo o que não gosta, só para ganhar dinheiro ou conseguir algum cargo. Nesse caso, acredito que é melhor investir em algo que lhe traga afeição, mesmo que aja algumas perdas, do que ter uma vida frustrada por não fazer o que gosta.

Mesmo exercendo aquilo que gostamos, podemos ter momentos ou períodos de perder o gosto, mas isso não pode ser continuo, precisa ser transitório e passageiro. Outro dia, estava assistindo um documentário de um dos maiores ídolos que o Brasil já teve que foi o Airton Senna. Nesse documentário, os seus familiares, amigos e companheiros de profissão, contaram histórias impressionantes sobre a sua carreira. Porém, o que mais me chamou a atenção, foi o depoimento do também brasileiro e ex-piloto Rubens Barrichello. O Rubinho (como nós conhecemos) disse, que no começo dos anos noventa, quando ele estava apenas iniciando sua carreira como piloto, o seu grande ídolo, naturalmente, era o Airton Senna e o Rubinho, procurava se espelhar nele em tudo, principalmente, no "suposto" prazer, que o Senna tinha em participar da "Fórmula 1". Ainda novo, o Rubinho estava participando de um campeonato de Kart em São Paulo. No final da corrida, quem aparece para entregar o prémio para os vencedores foi o Airton Senna. O Barrichello, ficou muito feliz em conhecer seu ídolo e quando ele vê, o Senna estava vindo na sua direção e pede para dar uma volta com o seu Kart. Naturalmente que o Rubinho permitiu e ele contou nesse documentário que o Senna deu muitas voltas na pista com o seu Kart e parecia muito feliz. Quando o Senna veio lhe devolver o Kart, ele comentou com o Rubinho:

"Obrigado. Nossa... já fazem alguns anos que eu não sentia tanto prazer em correr"

Na hora, o Rubinho estranhou esse comentário, pois ele imaginava que correr na Fórmula 1, era o ápice da alegria de um piloto, principalmente com alguém tão vitorioso como o Airton Senna. Só quando o Barrichello entrou para disputar a Fórmula 1, ele entendeu o que o Airton Senna disse, pois, correr era o prazer da vida deles, porém, a pressão do campeonato e tudo o que envolve a disputa, faziam aquilo que era tão prazer roso para eles que era correr, se tornasse algo estressante depressivo.

Podemos notar então, como fazer algo com afeição, é muito melhor e mais saudável. Só não podemos achar que tudo vai ter que ser da forma como queremos e gostamos, pois, há momentos da vida que precisaremos fazer coisas sem afeição.

Vamos então ao cerne da questão:

Quando se trata de uma oportunidade, onde iremos aplicar o pensamento lógico para a tomada de decisões, como fica a questão da afeição?

É possível ir adiante na aplicação do pensamento lógico se a oportunidade ou causa em vista, não nos traz afeição?

Essa é uma questão muito importante e precisamos encontrar uma resposta. Na verdade, justamente, por isso, que a afeição entrou no nosso primeiro passo na estruturação de um pensamento lógico. Já posso adiantar, que podemos até ir para o próximo passo na tomada de decisão, mesmo que a oportunidade ou a causa, não nos traga a menor afeição, desde que, estejam bem claras as condições.

Precisamos lembrar que nessas situações, onde se faz necessária a tomada de decisão, principalmente, no mundo corporativo, sempre tem alguma coisa que corre risco. Pode ser a perca de um investimento, perca de patrimônio, perca de mercado e etc.. Isso significa, que muitos problemas já estão acontecendo e muitos ainda virão. Se essa nossa oportunidade, ainda tem o ponto negativo de não ser algo que temos afeição, ou seja, não gostamos, nem temos a aptidão necessária para pelo menos, poder iniciar, o ideal, é não ir.

Vamos usar o mesmo exemplo em todos os passos, onde, aparece uma oportunidade de adquirir uma franquia no ramo da saúde, uma clínica de estética.

Então, apareceu uma oportunidade de comprarmos essa franquia, porém, analisando a possibilidade desse investimento, implantando o primeiro passo que é a "afeição", logo percebemos que essa franquia está completamente fora da nossa área de atuação. Estudando esse caso, podemos tomar duas decisões já no primeiro passo. Considerando que a decisão é adquirir a franquia, mesmo sem afeição:

1- Assumir o risco de saber que mesmo sem afeição, haverá empenho, necessidade de estudar e se ambientar mais sobre a área.
2- Assumir o risco e contratar alguém para tocar esse investimento, ou seja, uma pessoa para cuidar de tudo na Franquia, para que não precisemos fazer nada além de liberar verba. O risco e os desafio, além do investimento, é colocar alguém de confiança para fazer isso por nós. Para quem, já fez isso, sabe que não é nada fácil colocar um "testa de ferro", para cuidar dos

negócios, principalmente se o investidor não conhece o ramo, pois a chance de levar um golpe é grande. Além disso, essa escolha envolverá diretamente o passo três "condição", pois a verba financeira, vai precisar ser maior do que se nós mesmos tocássemos a franquia.

A outra decisão é não investir e deixar essa oportunidade de lado, já considerando que se no primeiro passo, já houve dificuldades, quanto mais não teriam no decorrer do tempo. Essa questão de parar ou não, podemos decidir depois de avaliar os próximos passos.

Aplicar o pensamento lógico, com os passos que estou indicando, não significa que será mais fácil, porém, ajudará a encurtar caminhos ou até evitar cair em armadilhas por um passo errado.

Como eu gosto de trabalhar com tabelas, pois acho mais fácil de visualizar, indico uma tabelinha bem simples para nos ajudar a tomar a decisão:

Oportunidade: Comprar e investir em uma franquia no ramo da saúde (clínica de estética)		
Passo 1 → AFEIÇÃO	SIM	NÃO
Tem afeição sobre...?		
Como vai ser, caso não tenha afeição e resolva continuar?	Ex: vou contratar um "testa de ferro" ou uma empresa para cuidar disso.	

Capítulo 7

PASSO 2 → TEMPO

Vimos então que o primeiro passo do pensamento lógico, é verificar se essa oportunidade ou causa que está à frente, tem alguma afeição conosco ou não. Agora, veremos como o tempo pode ser decisivo nas nossas decisões.

Já falamos bastante sobre tempo nesse livro, por isso, aqui no segundo passo, quero falar do tempo empregado particularmente na vida do indivíduo (nós), que estamos prestes a tomar uma decisão.

Quando nós olhamos para as nossas vidas, podemos contemplar, como o tempo tem passado muito rápido. Quando somos crianças e estamos prestes a entrar na adolescência, não vemos a hora de nos tornarmos adultos. Lembro que para mim, eu não via a hora de chegar aos meus dezoito anos para poder tirar minha carteira de motorista, (mesmo sem ter condição nenhuma de comprar um carro), somente para me sentir adulto e poder não ser visto mais como criança. Demorou uns trinta anos para passar o tempo entre meus quatorze anos até os dezoito. Quando fiz dezoito anos, já estava até desacreditado de tanto que demorou.

Porém, a vida nos prega muitas peças, pois na mesma medida que demorou muitos anos para passar somente quatro anos, agora, da forma inversa, passou como um raio dos meus dezoito anos até meus trinta e seis, é a idade que tenho nesse período que escrevo o livro. Parece que vinte e oito anos passaram em quatro anos. Precisamos estar atentos a isso, pois, como já comentamos anteriormente, a única coisa que não podemos controlar e não tem volta é o tempo.

"Quem nunca", esteve em uma sexta-feira, as três da tarde, antecedendo a um feriado, onde emendaria, o final de semana com segunda e terça. O fato de nessa hora, pensarmos na viagem que iríamos fazer, já saindo na sexta mesmo as nove da noite e só voltando na terça à noite, o ponteiro do relógio do escritório, não saia do lugar, se movendo tão lentamente, que parecia que estava sem pilha. Exatamente da mesma forma, só que do jeito inverso, mais uma vez, é quando estamos naquela viagem gostosa, onde aproveitamos tanto, e parece que o tempo correu na nossa frente e já está na hora de voltar de viagem.

Geralmente, na sua forma natural, o tempo não trabalha ao nosso favor. Até a Bíblia fala sobre isso:

"Ensina-nos a contar os nossos dias, de tal maneira que alcancemos corações sábios." Salmos 90:12 – Bíblia Sagrada (JFA-RA)

Aquele que consegue lhe dar bem com o tempo, é aquele que conseguirá alcançar a sabedoria diante de tantas adversidades que enfrentamos no nosso dia a dia. O tempo está dentro da nossa realidade de vida, mas não está sujeito a ela. O tempo não pode ser manipulado, mas é possível, com muita perícia e sabedoria, administrá-lo.

Agora, se dentro do cenário do nosso cotidiano, já é difícil lhe dar com tempo, imagina ter que trabalhar o tempo, dentro do cenário corporativo empresarial.

É necessário definir alguns parâmetros e nessa hora, precisamos recorrer há algumas perguntas:

Como medir o tempo que será necessário para a implantação de um projeto, diante de uma oportunidade, onde decisões precisam ser tomadas usando o pensamento lógico?

Qual é o tempo que eu tenho em dispor para isso?

Ainda utilizaremos o mesmo exemplo, onde, aparece uma oportunidade de adquirir uma franquia no ramo da saúde, uma clínica de estética.

A primeira coisa a se mensurar, é quanto tempo a implantação dessa franquia, vai levar. No caso de uma franquia, na área da saúde, é preciso elencar qual será o tempo que levará para a conclusão de cada a etapa e se você terceirizará ou não:

- **Levantamento de documentação para abertura de franquia;**

- Aquisição de certificados para liberação do funcionamento dos órgãos da saúde envolvidos;

- Patrimônio necessário (local, veículos, material, reformas e etc);

- Equipe: contratação de funcionários, treinamentos, corpo técnico;

- Fornecedores;

- Marketing: meios de divulgação, público, mercado e etc;

- Comercial: Captação de clientes;

Tudo isso sabendo, o que precisamos fazer e o que terceirizar, sendo que, tudo isso, precisa estar dentro dos limites do passo três "condições".

Quando passamos em frente de uma dessas franquias, quem não conhece como funciona, acha que é fácil tocar um negócio como esse, pois, por ser uma franquia, tudo já está pronto e é só implementar as exigências protocolais do franqueador e abrir as portas. Grande engano, pois uma franquia, é uma empresa como qualquer outra e irá precisar dos mesmos requisitos formais.

Ao final da obtenção dessas informações, a sinceridade vai precisar falar mais forte que os sonhos, os desejos, metas e etc.. Isso, porque, é a hora de decidir, já que o pensamento lógico, foi implantado nesse segundo passo, se realmente teremos tempo de executar todas as tarefas que essa franquia irá exigir. Lembre-se que agora é preciso considerar tudo o que nós já fazemos, para encaixar mais uma coisa na grade do nosso tempo diário. Lembre-se que nós temos o tempo já comprometidos com: família, estudos, profissão, saúde (exames, ir ao médico etc.), esportes, lazer (viagens, sair com amigos, ir à praia e etc.), e ainda, aquilo que a maioria não considera, é um tempinho livre, que podemos chamar de "gordura para queimar", aquele tempo que deixamos de reserva para alguma emergência ou para fazer algo novo.

Não adianta assumir mais uma responsabilidade como essa de implantar uma franquia, se já estamos atolados com o nosso tempo. Se está apertado o tempo na sua agenda, só restam duas opções. Não começar essa franquia ou eliminar um outro item da agenda. Se a escolhida for esta última, precisamos tomar cuidado para não tirar algo essencial da nossa vida como tempo com família, descanso, lazer e etc.

Cabe aqui mais uma pergunta:

Vale a pena, se eu não conseguir mais tempo?

Vamos olhar a tabela e você responda:

Oportunidade: Comprar e investir em uma franquia no ramo da saúde (clínica de estética)		
Passo 2 → TEMPO	SIM	NÃO
Terá tempo para...?		
Como vai ser, caso não tenha tempo e resolva continuar?	Ex: vou eliminar minhas férias deste ano e um dos cursos que iria iniciar e substituir por...	

Capítulo 8

PASSO 3 → CONDIÇÃO

Vimos então que o primeiro passo do pensamento lógico é verificar, se essa oportunidade ou causa que está à frente, tem alguma afeição conosco ou não, depois, no segundo passo, verificar se teremos tempo para executar todo o projeto. Agora, no terceiro passo, veremos se há condições, em todos os sentidos, para equipar e suprir o projeto franquia, considerando os recursos que temos em posse.

Esse terceiro passo, é onde literalmente, se enxergará se a oportunidade em nossas mãos, realmente, deve ser adquirida ou não. Analisar as "condições", envolvem muitas áreas. Não adiante ter muita afeição, até mesmo de realizar o sonho de uma vida, ter tempo de sobra para tocar o projeto e não ter condições de adquirir.

Uma oportunidade, pode até ser fruto de um sonho, mas as decisões que serão tomadas em cima dela, precisa ser alicerçada em algo sólido, dentro de um ambiente real. Nossas decisões não podem ser inspiradas na ficção, algo irreal, que até talvez seja bonito em livros ou filmes, mas não funciona na realidade. Ter condições de tocar a oportunidade ou uma causa, significa ter gasolina para fazer o carro andar sabendo que, mesmo se hoje o tanque está cheio, amanhã, o combustível pode acabar.

O planejamento financeiro de recursos, em cima da condição "real" que temos nas mãos, irá trazer uma garantia de segurança em todo o processo. No caso de fazer um investimento em ações, por exemplo, não basta somente ter o capital para adquiri-las. Precisa-se ter um mínimo de conhecimento na área para poder mensurar os riscos desse investimento. Isso significa, que o custo com elas, precisa ser calculado também, com quem vai administrar bem esse investimento. Isso é só um pequeno exemplo de como é importante ter certeza nessa hora.

Quando dizemos "ter certeza", com toda a certeza, não é uma certeza completa em tudo, pois toda oportunidade tem o seu risco. Porém, esse risco precisa ser mensurado para que ele não se torne um brinde surpresa que só aparece, quando não tem mais volta.

Vamos trabalhar as perguntas para elencar algumas dúvidas:

Será que temos o capital necessário para investir nessa oportunidade?

Na implantação, depois de ter adquirido, teremos, além do capital, todos os recursos necessários para concluir e fazer acontecer?

Aplicando o exemplo do mesmo investimento, onde, aparece a oportunidade de adquirir uma franquia no ramo da saúde, uma clínica de estética.

Iremos considerar os mesmos itens que usamos no passo 2, sobre o "tempo", já que estamos tratando do mesmo exemplo de franquia. Essas são as necessidades que alguém que for abrir uma clínica de estética, terá que cobrir e adquirir, dentre as condições:

- **Levantamento de documentação para abertura de franquia;**

- **Aquisição de certificados para liberação do funcionamento dos órgãos da saúde envolvidos;**

- **Patrimônio necessário (local, veículos, material, reformas e etc);**

- **Equipe: contratação de funcionários, treinamentos, corpo técnico;**

- **Fornecedores;**

- **Marketing: meios de divulgação, público, mercado e etc;**

- **Comercial: Captação de clientes;**

Tudo isso precisa estar mensurado, pois, senão, é um tiro no escuro. Não adiante ter o capital para adquirir a franquia e não ter como montar toda a estrutura que ela precisa. Exatamente, por isso, que considerar o terceiro passo "condição", é muito importante. É aqui que o sonho precisa cair na realidade, pois o meio empresarial não é uma utopia. Ser sincero e não dar um passo maior do que as próprias pernas, é melhor do que dar esse passo, tropeçar e cair, por falta de visão.

O pensamento lógico, nos faz alumiar todas as condições e, a partir delas, tomar as decisões e procurar seguir a coerência necessária. Se tiver que arriscar algo, que seja em um terreno sólido e não sobre uma superfície escorregadia. Uma coisa importante, onde aqueles que estão no meio empresarial sabem, que nada é fácil demais e nenhuma empreitada é perfeita. Aqueles que tem o domínio e a perspicácia sobre suas decisões, são aqueles que se sairão melhor.

Até mesmo o investimento em algo que não tem como dar errado, pode ser perigoso, se as condições não forem calculadas, até no sucesso em demasia.

Nos anos oitenta e noventa, o chocolate Bis da Lacta, era o biscoito com chocolate mais vendido no Brasil. Tinha o monopólio nesse seguimento, até porque, era o único produto nesse formato. No final dos anos noventa, A Nestle, lançou um produto bem similar chamado "Sem Parar". Além dele ser muito parecido com o Bis da Lacta em formato, só mudando a cor da embalagem que era vermelha, a qualidade era muito boa. Somado a isso, fizeram um marketing muito bom em cima do "Sem Parar", que acabou virando uma explosão de consumo no mercado brasileiro.

Apesar desse sucesso, a Nestle, tinha arriscado e investido pesado, em cima de um produto que já satisfazia o mercado, aos olhos de todos, só havia motivos para comemorar essa oportunidade enxergada pela Nestle e as vendas acachapantes. Porém, não calcularam bem as condições, na questão da produção. Ninguém pensou, se o Sem Parar vender muito, como

iriam aumentar a produção e satisfazer o mercado. O que aconteceu na sequência foi catastrófico. Enquanto os comercias na TV, só divulgavam o Sem Parar, quando o cliente ia comprar, não encontrava nas prateleiras e o produto perdeu a credibilidade no mercado. As vendas do Bis da Lacta, aumentaram ainda mais, diante da falta do Sem Parar e esse produto nunca mais se recuperou dessa queda. Até os nossos dias o Bis é praticamente, o único produto nesse mesmo modelo.

Tudo que envolve a parte física do investimento, precisa ser considerado no terceiro passo "condições". Esse passo, geralmente, é o que leva mais tempo de ser concluído, comparado aos outros. Ainda que o passo um, dois e quatro, sejam concluídos, dentro do seu pensamento lógico em trinta segundo cada, o passo três levará, pelo menos, o dobro desse tempo.

Decidir sobre as condições, só será rápido, se a aplicação desse pensamento lógico, nos quatro passos, for em alguma decisão emocional, ou seja, que não envolve nada físico. Como por exemplo se for uma decisão de terminar o namoro. Podemos aplicar a afeição e ver se ainda há sentimento, aplicar o tempo e ver se a falta dele ou dela será crucial, já a condição, não envolve nada, pois ainda não eram casados e tinham bens ou filhos para mensurar.

Vamos montar a tabela aqui também:

Oportunidade: Comprar e investir em uma franquia no ramo da saúde (clínica de estética)		
Passo 3 → CONDIÇÃO	SIM	NÃO
Terá condições para...?		
Como vai ser, caso não tenha condições e resolva continuar?	Ex: pegar empréstimos, é possível? Cortar alguma área, vale a pena?...	

Capítulo 9

PASSO 4 → CONCLUSÃO

Aqui é o ponto final. O último elemento a ser analisado pelo pensamento lógico. Para chegar no quarto passo, todos os outros três precisam estar preenchidos e definidos. O pensamento lógico não funcionará se pularmos etapas.

Na verdade, a conclusão ainda faz parte da esfera decisiva, pois o ir ou não ir fazer ou não fazer, investir ou não, continuar ou desistir, a decisão cabal, só será tomada depois que o quarto passo "decisão", for preenchido e considerado.

O nome do quarto passo é "conclusão", não somente como um encerramento, mas serve como um ponto de checagem e reflexão. Aqui, vou olhar para os outros três passos e tomar uma dessas três decisões listadas aqui abaixo:

- Devo fazer;

- Preciso recomeçar;

- Vou desistir;

É necessário ter um olhar global, uma visão periférica para ter clareza do que está acontecendo. Chegar na "conclusão", é entrar no estado de inercia, onde nada além do que nós já mensuramos nos outros passos, irá nos influenciar. Sabe, aqueles segundos que precisamos para respirar, sair um pouco do natural, levantar para tomar um cafezinho. Isso tudo, é necessário, mesmo que esteja no meio de um caos problemático, explodindo no ambiente.

O pensamento lógico precisa fechar o ciclo. Os sonhos não podem tomar a frente, o tempo sobrando, não pode ser uma desculpa, nem uma suposta condição financeira abastada. Assim também, como o medo, a insegurança, o ânimo doble, nenhum desses pontos negativos, podem sobressair agora.

É um momento individual e intransferível do tomador de decisões, mesmo se for uma decisão coletiva, porém, o voto é individual e vai determinar a vitória ou a derrota, o fazer ou não fazer.

Lembro de uma vez, que estava prestando serviço para uma empresa na área da construção civil e precisava tomar uma decisão importante, que só cabia a mim tomar. Era a participação que a empresa teria num processo de licitação. Eu deveria decidir se iríamos entrar nessa licitação ou não. Eu apliquei o pensamento lógico e os três primeiros passos foram bem favoráveis a princípio. A afeição, eu considerei o ramo que a nossa empresa trabalhava que era bem o fim daquela licitação, na área da construção civil, o

tempo estava até sobrando na empresa com a queda dos serviços decorrentes da economia que estava em declínio em 2015. As condições, eu mesmo listei mais de uma vez os itens do processo de licitação e estávamos atendendo em todos os sentidos. Não havia motivos visíveis para não entrarmos. A pressão dos outros departamentos era grande, pois se entrássemos e ganhássemos essa licitação, a verba que entraria, multiplicaria por três os lucros do ano anterior. Eu me vi precisando decidir, mas quando cheguei na "conclusão", algo começou a me incomodar, mas eu não entendia o que era. Eu precisava, justamente daquilo que é o propósito do quarto passo, sair um pouco daquele ambiente, respirar, desfocar por algum tempo daquela decisão. Eu resolvi sair para andar um pouco pelo centro da cidade, todos da empresa viram eu saindo, e ficaram olhando sem entender nada, pois eu só disse:

— Vou dar uma saída e já volto.

Devem ter me achado maluco, diante de meu ato, mas eu precisava colocar o quarto passo em prática. Fui caminhar, tomei um café, quando eu estava perto de uma praça, presenciei um assalto. Um rapaz passou correndo e roubou o celular de uma moça. Depois do susto, me veio novamente que uma das condições da licitação, não estavam tão claras, pensei, meditei e decidi então não arriscar. Quando voltei e comuniquei minha decisão, ninguém entendeu, e fiquei sabendo depois que até me xingaram quando saí.

Algumas semanas depois, recebi uma notícia que aquela licitação tinha sido cancelada, por problemas na formação da licitação. Algumas empresas que iriam participar daquela licitação, estavam acertando um cartel para se beneficiarem. Se a nossa empresa tivesse entrado naquela licitação, mesmo sem participar daquele cartel, iríamos aparecer no noticiário como se tivesse participado. Os sócios me procuraram e disseram que naquele momento que decidi não entrar, não entenderam o motivo, mas vendo tudo o que aconteceu, me agradeceram por livrar a empresa de sujar seu nome.

A princípio, o passo mais importante nesse exemplo que dei foi o terceiro "condição", pois ali estava um elemento que demorei para considerar, mas achei a tempo, porém, foi o quarto passo "conclusão", que me trouxe a luz e consegui sair a tempo. Muitas vezes deixar de fazer o que parece óbvio, pode ser o melhor.

Olhando, então, pela última vez, o exemplo do mesmo investimento, onde, aparece a oportunidade de adquirir uma franquia no ramo da saúde, uma clínica de estética.

Agora, na aplicação da conclusão no nosso exemplo, precisamos responder essas perguntas:

Devo ir até o fim?

Se não der certo, vale a pena recomeçar ou partir para outra?

Se conseguirmos responder essas duas perguntas, já teremos o sim ou não para a nossa franquia.

O quadro do nosso último passo ficará:

Oportunidade: Comprar e investir em uma franquia no ramo da saúde (clínica de estética)		
Passo 4 → CONCLUSÃO	SIM	NÃO
Foi concluído devidamente...?		
Como vai ser, caso não tenha certeza e resolva continuar?	Ex: arriscar e ir, recuar e prevenir. Se arriscar que seja por mais certeza do que dúvidas...	

Capítulo 10

DICAS FINAIS

Esse caminho ou passos que chamo de "pensamento lógico", pode ser aplicado, não só na área empresarial, mas em quaisquer decisões das nossas vidas como: ter filhos, adquirir um bem, entrar em um relacionamento amoroso, assumir mais uma responsabilidade e etc.

Vamos visualizar o ciclo dos quatro passos do pensamento lógico:

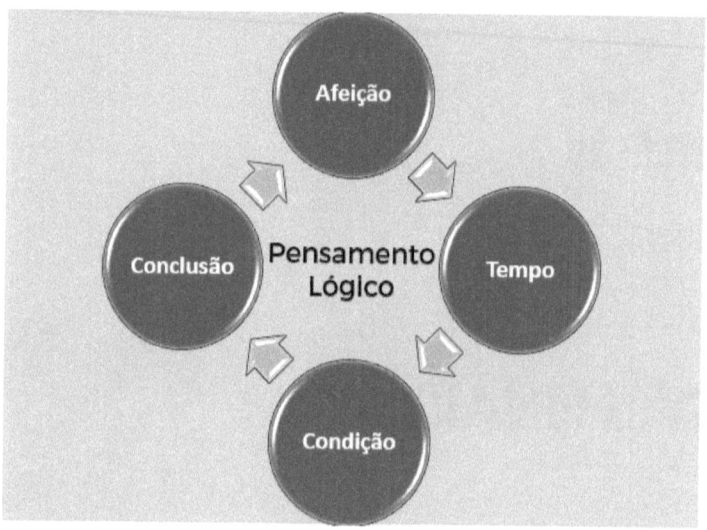

Antes de tomar a decisão final, eu gosto de fazer uma tabela com todo o resultado de cada passo comprimido. Veja:

Pensamento Lógico			
Franquia (Clínica)	SIM	NÃO	Observações
AFEIÇÃO			
TEMPO			
CONDIÇÃO			
CONCLUSÃO			
Decisão final:			

Se a escolha da decisão final for "sim", empenhe tudo o que puder e busque seu sucesso. Se for "não", apenas não desanime e não deixe de buscar novas oportunidades, com certeza, vão aparecer. Caso tenha mais tempo e possa esperar, se tiver dúvida, não tenha pressa para decidir, aproveite o tempo. É possível chegar no final da análise do pensamento lógico e decidir, começar novamente o processo. Se houver tempo e não tiver plena certeza da decisão, é melhor isso do que tomar uma decisão errada.

Existem duas palavras que são semelhantes na pronúncia, mas são diferentes em suas aplicações e as pessoas confundem muito. Eficiência e Eficácia. Dentro da execução de uma tarefa, o ideal, é ser eficiente e eficaz, os dois juntos. Porém, se for escolher qual é mais importante e não consiga ser os dois, escolha ser eficaz. Vamos ver as definições e entender, porque, é melhor ser eficaz.

- Eficiência: ato de fazer algo com excelência, sem erros, nem deixando arestas. Uma pessoa que age com eficiência, se preocupa com os mínimos detalhes, entende que a caminhada é mais importante que o destino, a forma com o que o ato é feito, é mais importante que o desfecho. Pode fazer tudo certo no caminho, mas não tem a obrigação de chegar no objetivo final.

- Eficácia: ato de concluir, chegar ao objetivo final, atingir o alvo, cumprir o dever. A pessoa que age com eficácia, não se preocupa nem um pouco com o percurso, nem se está incomodando alguém ou não, muito menos se os detalhes miúdos estão sendo atendidos, o importante é chegar no destino, ter um desfecho almejado, cumprir o dever.

Apesar de serem palavras bonitas e semelhantes, nas suas aplicações, são quase opostos. Porém, não são opostos que se repelem, mas podem se completar e trabalharem juntos. Para quem tem uma oportunidade, um tomador de decisão, apesar de ser importante ser eficiente, o ato principal do player é ser eficaz, atingir seu objetivo.

Não podemos esquecer então, que o melhor caminho para a tomada de decisões, é saber trabalhar o medo, não deixando que a arrogância nos tome, ao mesmo tempo, se nos deixarmos paralisar. Saber utilizar o tempo, pois ele, é o único elemento que passa e não conseguimos recuperar mais. Nunca deixar os problemas se acumularem, mas manter eles sob controle, até que sejam resolvidos, se possível, o mais rápido possível.

O pensamento lógico, através dos seus quatro passos, irá nos ajudar a sermos eficientes em percorrer nosso caminho rumo a decisão, mas sem deixar de ser eficaz e atingir o objetivo decidindo com segurança.

Desejo muito sucesso na sua vida...

BIBLIOGRAFIA

BIBLIA. Português. Bíblia sagrada. Tradução Sociedade Bíblica Internacional. 4ª Edição. São Paulo - SP, 2000.

BIBLIA. Português. Bíblia Sagrada. Tradução Almeida Corrigida e Revisada. São Paulo. 5ª Edição. São Paulo - SP, 1996.

BIBLIA. Português. Bíblia Sagrada. Tradução Almeida Atualizada e Revisada. São Paulo. 7ª Edição. São Paulo - SP, 1998.

BIBLIA. Português. Bíblia sagrada. Nova Versão Internacional. São Paulo - SP, 2008.

CAETANO, Gustavo. Pense Simples. 1ª. Edição. Editora Gente. São Paulo - SP, 2017.

DUHIGG, Charles. O Poder do Hábito. 2ª. Edição. Editora Objetiva. São Paulo - SP, 2012.

MORTAR, Cezar, A. Introdução à lógica. 2ª. Edição. Editora Unesp. São Paulo - SP, 2017.

TZU, Sun. A Arte da Guerra. 10ª. Edição. Editora Jardim dos Livros. São Paulo - SP, 2008.

PORTAL, Bíblia OnLine – Consultas bíblicas em: <https://www.bibliaonline.com.br/>

Acessos em setembro, outubro de 2020.

OBRAS DO AUTOR

Entre em contato e Adquira....

Mídias Sociais do Autor:

Facebook: facebook.com/cleber.martins.200
Youtube: youtube.com/c/CleberMartins
Instagram: @cleber_martinspr
Twitter: @Cleber_Martinss

PENSAMENTO LÓGICO